Mon premier livre sur les Hadiths

Enseigner aux enfants les principes du prophète Mahomet, le savoir-vivre et les bonnes manières

Collection Sincere Seeker Kids

De par Sa miséricorde et Son amour pour nous, notre Dieu, Allah a envoyé de nombreux messagers et prophètes pour nous apprendre plus sur Lui-même et le but de nos vies. Ceux qui suivent les commandements d'Allah à travers la religion de l'islam sont appelés musulmans. Les musulmans ont pour principe de n'adorer personne d'autre que notre Dieu Allah, le Créateur des Cieux et de la Terre, votre Créateur et le mien. Le dernier et ultime Prophète qu'Allah nous a envoyé est le Prophète Mohammed, PSL (paix soit sur lui).

Le prophète Mohammed, PSL, est né à la Mecque. À l'âge de 40 ans, il s'est rendu seul à la grotte Hira pour méditer et réfléchir profondément à la vie et à cet univers durant le mois de Ramadan, le neuvième mois du calendrier islamique. Alors qu'il méditait dans la grotte, un ange nommé Gabriel arriva dans la grotte. Le Prophète Mohammed PSL en fut effrayé. Mais l'ange le serra fort dans ses bras et lui ordonna de lire trois fois le Saint Coran, qui était descendu d'Allah. Le Prophète Mohammed PSL, répondit : " Je ne sais pas lire ". Alors, l'ange Gabriel lui lut le premier verset du Saint Coran. Le prophète Mohammed, PSL, était encore très effrayé et courut chez lui pour demander à sa femme de le couvrir. Il raconta à sa femme, Khadijah, ce qui s'était passé. Elle le réconforta rapidement et lui dit : "Notre Dieu Allah ne t'humiliera jamais parce que tu es bon envers ta famille et que tu aides les pauvres et les nécessiteux." Ensuite, Allah fit descendre le Saint Coran petit à petit au Prophète Mohammed, à travers l'Ange Gabriel, pendant les 23 années suivantes.

Le Saint Coran que notre Dieu Allah a fait descendre sur nous est le livre fondamental de l'Islam reprenant la parole exacte d'Allah. Il nous l'a envoyé pour nous guider vers Lui, pour nous rapprocher de Lui et pour nous apprendre à l'aimer. Le Saint Coran nous apprend tout ce que nous devons savoir pour vivre une vie saine. Le Coran nous apprend ce qui est bon pour nous dans la vie. Il nous apprend également ce qui est mauvais et nuisible dans la vie et ce que nous ne devons pas faire.

Après avoir reçu d'Allah le Saint Coran, le Prophète Mohammed, PSL, passa le reste de sa vie à expliquer et à transmettre les enseignements du Saint Coran et de l'Islam
à ses amis qui étaient avec lui, appelés les compagnons. Chaque fois que le Prophète Mohammed, PSL, partageait avec ses compagnons de nouvelles leçons, ceux-ci notaient ses paroles, ses actions et ses convictions. Ces notes ont été rassemblées dans ce qu'on appelle le "Hadith", qui est synonyme de discours, rapport ou nouvelles. Les hadiths sont les propos que le prophète Mahomet a tenus, faits ou approuvés. Les Hadiths nous aident à comprendre et à répondre aux questions portant sur les aspects détaillés de notre religion, l'islam, et ils nous expliquent le Saint Coran de manière plus détaillée.

Contrairement au Saint Coran, les Hadiths ne sont pas les mots d'Allah. Mais ce sont les propos et les actions du dernier et ultime prophète d'Allah, Mohammed PSL, qu'Allah nous a envoyé pour nous apprendre tout ce que nous devons savoir pour vivre une vie correcte.

Le Prophète Mohammed, PSL, a été envoyé pour nous guider et nous conduire vers notre Dieu Allah, notre Créateur. Ainsi, le Prophète Mohammed, PSL, avait bien compris et aimé le Saint Coran et avait surtout mené sa vie en se basant sur les commandements du Saint Coran.

Le prophète Mohammed, PSL, est le modèle qu'Allah a envoyé à toutes les personnes de ce monde pour nous montrer comment vivre comme lui, le suivre et reproduire ses enseignements. Allah l'a envoyé pour nous montrer comment nous devrions vivre nos vies. Allah nous a ordonné de suivre son prophète, Mohammed PSL, et donc suivre le prophète Mohammed PSL, c'est suivre et obéir à Allah, notre Créateur.

Les actes et les pratiques du Prophète Mohammed sont appelés "Sunna", qui se traduit par "la voie" ou "la pratique de". Si nous appliquons les recommandations de la Sunna, nous reproduisons ce que le prophète a dit, fait ou approuvé. La Sunna nous aide, nous musulmans, à adopter et à suivre la foi, la conduite, l'attitude, la patience, la compassion et la droiture du Prophète Mohammed. Nous, musulmans, cherchons également à reproduire tout ce que le Prophète faisait, y compris ce qu'il mangeait et buvait et comment il le faisait, la position dans laquelle il dormait, comment il se comportait et interagissait avec les autres, etc.

Allah nous a transmis des conseils à travers les hadiths pour que nous vivions au mieux dans nos vies. Allah et le Prophète Mohammed nous aiment tellement et veulent ce qu'il y a de mieux pour nous. Tout ce qu'Allah et le Prophète Mohammed nous ont dit de faire ou de ne pas faire n'est que dans notre intérêt, nous devons donc les écouter pour notre propre bi

Être sincère

Quoi de mieux pour apprendre les hadiths que de commencer par la sincérité. Ce hadith sur la sincérité nous apprend que ce que nous faisons dans notre vie est jugé et récompensé en fonction de notre intention. Agir avec de bonnes intentions relève de la sincérité. Les bonnes intentions et la sincérité se forment dans le cœur. Si nous avons accompli une bonne action pour plaire à notre Dieu Allah et que nous l'avons fait pour une bonne raison, nous serons récompensés par Allah. Un musulman peut avoir plusieurs bonnes intentions lorsqu'il accomplit une bonne action. Par exemple, un musulman peut accomplir une bonne action pour plaire à Allah et rester humble - et il sera alors récompensé par de bonnes actions supplémentaires ! Nous devons constamment écouter ce que notre cœur nous dit pour nous assurer que nous accomplissons de bonnes actions pour plaire à Allah. Nous devons également accomplir de bonnes actions dans le secret où seul Allah peut nous voir, même si les autres ne nous voient pas.

Se vanter

L'opposé d'être sincère est de se vanter. Si quelqu'un accomplit une action avec une mauvaise intention pour se vanter devant les autres et les impressionner, il ne sera pas récompensé. Chaque fois que nous accomplissons une bonne action, nous devons être sincères et ne le faire que pour Allah, et non pour nous vanter devant les autres ou pour obtenir des éloges ou de l'argent. Ainsi, la prochaine fois que vous accomplirez une bonne action, arrêtez-vous et réfléchissez à la raison pour laquelle vous faites cette bonne action. Êtes-vous sincère ou faites-vous cela pour impressionner quelqu'un d'autre et peut-être vous vanter ? Nous devons être humbles et ne pas nous vanter. Allah aime ceux qui sont humbles. Nous devons constamment veiller à plaire à Allah et ne pas nous vanter.

Les bonnes manières et le bon caractère

Chaque musulman doit avoir de bonnes manières et un bon caractère. Ceci est très important dans notre religion, l'islam. Notre Prophète Mohammed PSL faisait preuve des meilleures manières et d'un bon caractère. Il traitait toujours les gens qui l'entouraient avec le plus grand respect et ne leur disait que des choses positives.

Pour avoir de bonnes manières, les musulmans doivent être aimables et gentils avec les gens. Les musulmans doivent être particulièrement bons envers leurs parents. Les musulmans ne doivent pas dire de bêtises, ils doivent dire la vérité, ne pas mentir, tenir leurs promesses, ne blesser personne et n'insulter personne. Il doit traiter les gens équitablement, ne penser que du bien des autres, ne pas accuser les gens de faire du mal ou de mauvaises choses, ne pas prendre ce qui ne lui appartient pas, ne pas se moquer des autres et ne pas se disputer ou se battre. Les musulmans ne doivent pas être impolis ou grossiers, ils doivent baisser la voix et parler doucement, ne pas se mettre en colère et ne se donner aux commérages. Ils doivent pardonner aux autres afin qu'Allah puisse leur pardonner. Ils doivent être patients, pacifiques, humbles et joyeux, et ils doivent sourire.

On ne peut espérer mieux que d'avoir de bonnes manières - c'est encore mieux que d'avoir beaucoup d'argent et une grande maison. Avoir de bonnes manières est un signe de foi. Le jour du jugement, rien ne pèsera plus lourd sur l'échelle des bonnes actions que les bonnes manières d'une personne. Allah est beau et aime la beauté. Allah aime les gens qui ont de bonnes manières. Il n'aime pas les gens qui sont mal élevés. En plus de croire et de reconnaître "qu'il n'y a pas d'autre divinité digne d'être adorée qu'Allah", la voie la plus facile pour aller au paradis est d'avoir de bonnes manières. La meilleure façon de savoir si vous avez de bonnes manières est de voir comment vous traitez votre famille. Notre Prophète disait que les plus bons d'entre vous sont ceux qui sont les plus bons envers leur famille.

Être bon envers ses parents

Devant notre Dieu, Allah nous a commandé de prier, de jeûner, de payer la zakat et de faire le Hajj ; il nous a commandé de n'adorer que Lui et personne d'autre et d'être bons envers nos parents. Il nous a demandé d'être bons envers nos parents immédiatement après nous avoir ordonné de n'adorer personne d'autre que Lui, ce qui montre à quel point Allah pensait qu'il était important d'être bon envers nos parents.

Nos parents nous aiment beaucoup et ont fait tant de sacrifices pour nous, et nous ne pourrons jamais leur rendre la pareille pour ce qu'ils ont fait pour nous. Ils méritent beaucoup de respect de notre part. Nous devons aimer, respecter, obéir et servir nos parents pour le reste de notre vie. Ce ne sera pas facile, cela nous demandera des efforts et beaucoup de patience.

Nous devons veiller à ne pas montrer à nos parents que nous sommes embêtés, ne serait-ce qu'en leur disant "uff". Nous devons les aimer, prier pour eux, les respecter, être gentils avec eux, les écouter et ne pas faire quelque chose qui pourrait les mettre en colère. Nous devons leur rendre service et les remercier très souvent. Nous ne devons pas appeler nos parents par leur nom, nous ne devons pas marcher devant eux ou nous asseoir avant eux. Nous devons nous lever lorsqu'ils entrent dans une pièce et les embrasser sur le front.

Être bon envers nos parents procure de nombreux avantages et récompenses. Allah répond aux prières des parents pour leurs enfants. Être bon envers nos parents nous vaut la satisfaction d'Allah, et énerver nos parents nous vaut la colère d'Allah. Être bon envers nos parents est la voie la plus facile vers le Paradis, puisque le Paradis se trouve sous les pieds de notre mère. Désobéir et manquer de respect à nos parents est un péché majeur.

Penser à Allah

En tant que musulmans, nous devons constamment penser d'Allah et le louer, du matin au soir. Le Saint Coran et la Sunna nous rappellent à plusieurs reprises combien il est important de penser, de louer et de glorifier Allah, le Tout-Puissant, notre Créateur, avec nos cœurs et nos langues. Notre foi est intimement liée au fait de penser à Allah et de lui plaire. Plus nous pensons à Allah, plus notre foi grandit. En tant qu'humains, plus nous aimons quelqu'un, plus nous pensons à lui. Nous devrions penser souvent d'Allah afin que notre amour pour Allah grandisse. Plus nous pensons à Allah, plus Il pense à nous. Il proclame notre nom dans les cieux les plus élevés. Nous pensons
à Allah en faisant la prière, en récitant le Coran et en accomplissant d'autres formes d'adoration. Ceux qui pensent souvent à Allah vivront une belle vie, et ceux qui ne pensent pas à Allah ne vivront pas une belle vie.

Saluer les autres avec "Assalamu Alaikum"

"Assalamu Alaikum" est une salutation et une prière qui se traduit par "Que la paix de Dieu soit sur vous". Juste après que notre Dieu Allah ait créé Adam PSL, le premier être humain, Allah lui demanda de s'approcher d'un groupe d'Anges et de les saluer avec "Assalamu Alaikum". Allah demanda à Adam de retenir la réponse des Anges, car ce sera sa salutation et la salutation prononcée par les musulmans jusqu'au Jour du Jugement. Cette salutation est la première phrase qu'Allah a enseignée à Adam PSL. C'est une salutation qui est venue directement des Cieux.

Le Prophète Mohammed PSL disait que vous n'entreriez pas au Paradis tant que vous n'êtes pas croyant, et vous ne serez pas croyant tant que vous ne vous aimerez pas les uns les autres. Voulez-vous que je vous dise comment vous pouvez vous aimer les uns les autres ? Répandez le Salam autour de vous. En saluant les autres avec "Assalamu Alaikum", vous répandez l'amour. Chaque fois que vous saluez les autres avec "Assalamu Alaikum", Allah vous récompense.

Lorsque quelqu'un vous salue avec "Assalamu Alaikum", vous devez répondre avec une meilleure formule ou du moins une formule similaire - plus la réponse est longue, mieux c'est. Ainsi, vous pouvez répondre par "Alaikum Salam Wa Rahmatu Allah", qui se traduit par "Que la paix et la miséricorde d'Allah soient sur vous". Si un musulman en rencontre un autre et qu'il donne le Salaam en se serrant la main, leurs péchés disparaissent comme les feuilles tombent d'un arbre. Chaque fois que vous entrez dans une maison ou un lieu quelconque, vous devez dire le Salaam, qu'il y ait des gens ou non. Vous répandez le Salaam sur vous-même, et il peut y avoir des Anges que vous ne pouvez pas voir dans la maison. Celui qui marche ou qui est à cheval doit dire Salaam à ceux qui sont assis. Vous devez également dire Salaam en partant.

Sourire aux autres

En tant que musulmans, nous devons veiller à bien soigner notre image. Le Prophète Mohammed PSL avait toujours le sourire aux lèvres. Non seulement vous devez sourire aux autres, mais vous devez essayer de faire sourire vos frères et sœurs et leur apporter de la joie, car pour notre Dieu Allah, c'est l'une des choses les plus agréables que vous puissiez faire. Le sourire renforce la fraternité et se transmet rapidement.

Honorer les invités

L'islam enseigne aux musulmans que nous devons honorer nos invités et faire preuve de générosité. Si nous le faisons, nous serons récompensés pour cela. Nos invités doivent être accueillis avec Salaam et un sourire joyeux sur le visage. Nous devons traiter nos invités avec gentillesse, les divertir et les mettre à l'aise. Nous devons leur offrir sans tarder à boire et à manger, afin qu'ils n'aient pas à demander quoi que ce soit. Et pour finir, au moment de dire au revoir, nous devons le faire de manière respectueuse.

Être reconnaissant et dire "merci".

Notre Dieu Allah nous a offert tant de bénédictions et de faveurs que nous ne pouvons les compter toutes. Notre Prophète Mohammed (PSL) nous a appris à ne pas nous comparer à ceux qui ont plus de richesse ou de statut que nous, parce que cela peut nous amener à être peu reconnaissant et à ne pas apprécier toutes les bénédictions et les faveurs qu'Allah nous a accordées. Nous devrions plutôt nous comparer à ceux qui ont moins que nous afin de reconnaître tout ce qu'Allah nous a donné et de devenir plus reconnaissants.

Être reconnaissant peut renforcer notre foi, nous rendre plus vertueux et nous rapprocher d'Allah. Être reconnaissant est la clé des récompenses et de la satisfaction d'Allah. Être reconnaissant fera également croître nos bénédictions et nos faveurs. Plus nous sommes reconnaissants, plus Allah nous donnera.

Nous devons être reconnaissants dans nos cœurs, et nous devons le montrer avec notre langue quand nous parlons. Nous devons donc prendre l'habitude de toujours remercier Allah pour tout ce qu'il nous a donné en disant "Alhamdulillah", qui se traduit par "Louanges et remerciements à Allah". Nous devrions également adresser d'autres mots d'appréciation à Allah, à nos parents et aux autres personnes qui nous aident ou méritent nos remerciements.

Le Prophète Mohammed, PSL, nous a enseigné que lorsque nous entendons une bonne nouvelle, que ce soit quelque chose que nous avons gagné ou un mal que nous avons évité, nous devrions se mettre en soujoud à Allah pour montrer notre reconnaissance et notre appréciation à Allah. C'est ce que le Prophète Mohammed PSL avait l'habitude de faire. Il n'est pas obligatoire de faire face à la Qibla ni d'être en Wudu pour se mettre en soujoud. Nous devons également montrer notre reconnaissance en faisant de bonnes actions. Une excellente façon de montrer sa reconnaissance à Allah est de lui obéir et de Lui adresser des prières. Une autre façon de montrer sa reconnaissance à Allah est de faire preuve de patience pendant les périodes difficiles, ce qui est en fait un test d'Allah pour voir si nous sommes toujours reconnaissants dans les moments difficiles.

Être généreux envers les autres

Nous pouvons également montrer notre reconnaissance en donnant une partie de ce que nous avons aux autres. Vous pouvez donner aux autres de différentes manières, en donnant de l'argent, de la nourriture, des vêtements, des jouets, un peu de votre temps, en aidant une personne âgée à faire ses courses, en enlevant un objet de la route, en souriant et en parlant gentiment aux autres, etc. La générosité, c'est donner avec son cœur. Être généreux a de nombreux avantages et récompenses. Être généreux renforce votre foi, vous rapproche d'Allah, accroît les bénédictions et les faveurs d'Allah, et Allah, en retour, lèvera les obstacles et les défis dans votre vie.

Vouloir le bien des autres

Un musulman doit vouloir le bien de son frère et de sa sœur tout comme il le veut pour lui-même. C'est une qualité essentielle de la foi. Pour cela, le musulman ne doit pas être jaloux, envieux ou avoir de la haine pour un frère ou une sœur. Nous ne devons pas non plus parler de leurs défauts ou de leurs erreurs en public.

Aider les autres

Notre Dieu Allah continuera à vous aider si vous continuez à aider vos frères et sœurs. Si vous aidez une personne dans le besoin et que vous allégez sa situation difficile, Allah vous aidera dans ce monde et dans l'au-delà.

Les bienséances du repas (1ère partie)

Si nous aimons le Prophète Mohammed PSL, nous devons aspirer à le suivre et à appliquer ses enseignements. Le Prophète Mohammed PSL a reçu les instructions pour notre mode de vie complet, y compris pour comment manger et boire. Suivre la Sunna du Prophète Mohammed PSL présente de nombreux avantages.

Avant de manger:

- Assurez-vous que ce que vous mangez a été préparé de manière halal (autorisée) et non haram.
- Nous ne pouvons manger que de la nourriture halal, et nous ne pouvons pas manger de la nourriture haram comme du porc ou boire de l'alcool.
- Si vous avez des invités, offrez-leur de la nourriture. Si vous êtes un invité, acceptez rapidement la nourriture de votre hôte, afin de ne pas le vexer.
- Lavez-vous les mains avant de manger pour éliminer les germes, les bactéries et toute autre impureté.
- Mentionnez le nom d'Allah avant de manger en disant "Bismillah" ("Au nom d'Allah"). Il est recommandé de dire d'autres dou'as avant de manger. Si vous oubliez de mentionner le nom d'Allah au début, vous pouvez dire " Bismillah Awwalahou Wa Akhirahou " (" Au nom d'Allah au début et à la fin ") dès que vous vous en souvenez.

Les bienséances du repas (2ème partie)

Pendant que vous mangez et après:

- Mangez et buvez avec votre main droite uniquement et non avec votre main gauche. Prenez vos ustensiles avec votre main droite uniquement. Le diable mange avec sa main gauche.
- Mangez et buvez assis, les genoux pliés ou les jambes repliées. Asseyez-vous et ne vous penchez pas en arrière ou ne vous allongez pas lorsque vous mangez ou que vous buvez.
- Mangez de ce qui est le plus proche de vous et devant vous, au lieu de mettre la main partout dans l'assiette.
- Mangez du bord de l'assiette plutôt que du milieu de l'assiette, car les bénédictions coulent vers l'extérieur à partir du centre de l'assiette de nourriture.
- Évitez de boire dans un pichet ou une cruche. Buvez plutôt dans une tasse.
- Prenez trois gorgées de votre boisson. Ne buvez pas d'un seul trait. Évitez de respirer dans votre tasse et de souffler dans votre verre. N'aspirez pas votre boisson ou votre soupe.
- Mangez lentement et sans précipitation. Mâchez soigneusement avec la bouche fermée. Ne bourrez pas votre bouche. Ne parlez pas en mangeant.
- Ne dites rien de mal sur la nourriture. Faites de bons compliments lorsque vous mangez quelque chose que vous avez apprécié.
- Il est préférable de partager sa nourriture avec d'autres personnes et de manger dans un plat commun plutôt que dans des assiettes séparées.
- Mangez avec trois doigts, sauf si vous avez besoin de plus de doigts, et léchez vos doigts un par un après avoir terminé votre repas.
- Si un morceau de nourriture tombe accidentellement sur le sol alors que vous êtes chez vous, ramassez-le et dépoussiérez la terre avant de manger. En le laissant, vous donnerez de la nourriture au diable.
- Mangez avec modération et ne mangez pas trop. Remplissez votre ventre avec un tiers de nourriture, un tiers de boisson et un tiers d'air. Plusieurs maladies sont causées par la suralimentation.
- Assurez-vous que vous n'avez rien laissé dans votre assiette, vous ne sauriez pas où se trouvent les bénédictions dans votre assiette. Ne gaspillez pas la nourriture.
- Louez et remerciez Allah après avoir fini de manger en disant "Alhamdulillah" et récitez d'autres dou'as.
- Lavez vos mains et rincez-vous la bouche avec de l'eau.

La Sunna concernant le sommeil

Le sommeil est une grande bénédiction que notre Dieu Allah nous a donnée pour nous reposer et rafraîchir notre esprit, notre corps et notre âme. Le manque de sommeil peut entraîner des douleurs, des malaises et d'autres problèmes de santé. Il y a certaines Sunna et règles que le Prophète Mohammed PSL nous a enseignées pour dormir en paix et en toute fidélité à la religion.

- Il ne faut pas dormir avant la prière d'Isha. Après la prière d'Isha, il ne doit pas y avoir de longues discussions, et nous sommes encouragés à dormir juste après.
- Époussetez trois fois votre lit en utilisant un vêtement.
- Nettoyez et brossez vos dents avec une brosse à dents et utilisez un Miswaak.
- Faites votre woudou pour dormir tout en étant purifié.
- Éteignez toutes les lumières, fermez toutes les portes et fermez tous les récipients contenant de la nourriture. Plus la pièce est sombre, mieux c'est pour ne pas perturber votre sommeil.
- Dormez face à la Qibla si possible.
- Dormez sur le côté droit de votre corps et ne dormez pas sur le côté gauche ou sur le ventre. Placez votre main droite sous votre joue droite et gardez vos genoux légèrement pliés.
- Dites votre dou'a avant de dormir : " O Allah (SWT) ! C'est en Ton nom que je meurs et que je vis".
- Récitez les trois sourates courtes ; Al-Ikhlaas, Al-Falaq, et Al-Naas, puis placez vos mains en position de coupe et soufflez dedans. Passez ensuite trois fois sur tout votre corps, en commençant par la tête, le visage et le devant du corps.
- Lisez la sourate Al-Mulk ainsi que les deux derniers versets de la sourate Al-Baqarah avant de vous endormir.
- Lisez Ayat Al-Kursi pour vous protéger du diable.
- Récitez 33 fois "Soubhan Allah et Alhamadillah", puis 34 fois "Allahu Akbar".
- En vous réveillant, récitez votre dou'a du matin : "Louange à Allah qui nous a maintenus en vie après nous avoir accordé le sommeil, et c'est pour Son jugement que nous serons ressuscités au Jour Dernier.

Une bonne hygiène personnelle

L'Islam encourage et accorde une grande importance à la propreté du cœur, de l'esprit, de l'âme et du corps. Notre Dieu Allah aime ceux qui sont propres et se purifient. Ainsi, rester propre et pur est un acte d'adoration qui vous rapprochera d'Allah et pour lequel vous serez récompensé.

Le Prophète Mohammed (PSL) était le meilleur modèle de propreté. Le Prophète Mohammed PSL nous a appris à nous défaire de nos impuretés. Nous devons effectuer le Wouhou (ablution) avant chaque prière et nous assurer que chaque partie de notre corps qui doit être touchée par l'eau l'est. Le Prophète Mohammed, PSL, aimait les parfums et les bonnes odeurs pour l'amour d'Allah. Le Prophète Mohammed PSL nous a ordonné de nous laver après avoir utilisé les toilettes, de couper nos ongles des mains et des pieds, de nous laver les mains avant et après avoir mangé et de garder nos dents, nos gencives et notre haleine saines et propres en nous brossant les dents et en utilisant le miswak. Si vous mangez de l'ail cru, n'allez pas à la mosquée ou ne vous asseyez pas avec des gens, car cela peut être offensant. Nous faisons tout cela pour l'amour d'Allah et pour que nous soyons prêts à rencontrer Allah.

La Fin.

www.ingramcontent.com/pod-product-compliance
Lightning Source LLC
LaVergne TN
LVHW070219080526
838202LV00067B/6861